全国老年大学统编教材

U0739926

老年人太极拳教程

普及48式

高崇 编著

杨天硕 摄影

人民邮电出版社

北京

图书在版编目（CIP）数据

老年人太极拳教程. 普及48式 / 高崇编著 ; 杨天硕摄. -- 北京 : 人民邮电出版社, 2023.8
ISBN 978-7-115-61761-3

Ⅰ. ①老… Ⅱ. ①高… ②杨… Ⅲ. ①老年人一太极拳一教材 Ⅳ. ①G852.11

中国国家版本馆CIP数据核字(2023)第088764号

内 容 提 要

本书为全国老年大学统编教材，是专门为老年人设计的太极拳入门学习指导书，由太极拳世界冠军、国家级运动健将高崇教练指导及示范。本书首先介绍了太极拳的历史发展，接着采用真人演示、分步图解的形式，对太极拳的基本手型、基本步型以及普及 48 式太极拳的练习方法和要点进行了细致讲解。此外，本书配有普及 48 式太极拳的演示视频，可以帮助老年人快速领悟太极拳的技法要领，提升练习效果。

◆ 编　　著　高　崇
　摄　　影　杨天硕
　责任编辑　林振英
　责任印制　彭志环

◆ 人民邮电出版社出版发行　　北京市丰台区成寿寺路 11 号
　邮编　100164　　电子邮件　315@ptpress.com.cn
　网址　https://www.ptpress.com.cn
　北京捷迅佳彩印刷有限公司印刷

◆ 开本：787×1092　1/16
　印张：6.75　　2023 年 8 月第 1 版
　字数：103 千字　　2023 年 8 月北京第 1 次印刷

定价：38.00 元

读者服务热线：(010)81055296　印装质量热线：(010)81055316
反盗版热线：(010)81055315
广告经营许可证：京东市监广登字 20170147 号

全国老年大学统编教材
编委会

老年人体育活动指导系列图书
编委会

总序

由中国老年大学协会组织编写的全国老年大学通识课程教材即将面世，这是我国老年教育和老年大学发展史上一件具有开创性意义的举措。

我们国家的老年教育，在党和政府的高度重视以及社会各界的广泛参与下，适应了老龄社会发展和老年群体需求，一直保持着健康快速的发展态势，并逐步取得了令世人瞩目的巨大成就。党的十八大以来，习近平总书记多次发表重要讲话，指出人口老龄化事关国家发展全局和亿万百姓福祉。强调要坚持党委领导、政府主导、社会参与、全民行动相结合，推动老龄事业全面可持续发展。党中央、国务院陆续公布实施的《老年教育发展规划（2016—2020 年）》《老龄事业“十三五”规划》《加快推进教育现代化实施方案（2018—2022 年）》等重要文件，对做好老龄工作、发展老龄事业做出了新的重大部署，对老年教育发展制定了明确的规划，有力地推动了我国应对人口老龄化的全面工作。目前我国老年教育的发展和老年大学的工作，已经呈现出党政主导、社会参与、多方支持的大好局面。

中国老年大学协会作为国家民政部所属的社会组织，自 1988 年 12 月成立以来，认真贯彻落实党和政府关于老年教育的方针政策，充分发挥桥梁纽带和凝聚作用，广泛联系各地老年大学、老年学校，大力宣传“增长知识、丰富生活、陶冶情操、促进健康、服务社会”的老年大学办学宗旨，促进各地老年大学、老年学校在办学原则、培养目标、专业设置、课程安排、学校管理等一系列重大办学方向问题上统一思想，形成共识，对我国老年教育事业的巩固与提升，发挥了导向性的作用。特别是积极贯彻党的十八大、十九大精神，落实新时代老年教育规划目标任务，组织老年大学认真学习习近平新时代中国特色社会主义思想，探讨老年教育发展的新机制和新路径，开创老年教育发展的新格局，推动老年大学工作迈上了一个新台阶。协会自身发展也进入了一个新阶段。

建立并逐步完善科学、适用、可行的老年大学特色课程体系，设计、构建与社会发展大环境相匹配的具有老年大学特色的通识教材，是中国老年大学协会一直坚持的目标，也是众多老年大学、老年学校一致的企盼。首批五本通识教材——《树立和培育积极老龄观》《新时代老年大学校长读本》《老龄金融》《老年健康教育与管理》《老年人权益保障法律实务》——从选题立意到内容编排，都体现出创新意识和独特见解，令人耳目一新，为之一振。希望老年同志们从中汲取营养，幸福地度过晚年；希望中国老年大学协会再接再厉，为老年人做出应有的贡献！

顾秀莲

2020 年 8 月

序

近年来，随着老年人口数量的不断增大，我国陆续发布了《“健康中国 2030”规划纲要》《关于促进养老托育服务健康发展的意见》《全民健身计划（2021-2025 年）》《“十四五”国家老龄事业发展和养老服务体系规划》《“十四五”健康老龄化规划》等政策文件，以引导和促进实现积极老龄观和健康老龄化。这些政策文件中指出了可通过指导老年人科学开展各类体育健身项目，将运动干预纳入老年人慢性病防控与康复方案，提供文化体育活动场所，组织开展文化体育活动等措施支持老年人参与体育健身，丰富老年人的精神文化生活，全面提升老年人的身心健康水平与生活品质。

与此同时，作为我国老年人教育事业的重要组成部分，老年体育教育承担着满足老年人的体育学习需求，丰富老年教育的内容和形式，以及不断探索老年教育模式的责任，可长远服务于积极应对人口老龄化、实现教育现代化和建设学习型社会。

在上述背景下，人民邮电出版社有限公司作为建社 70 周年的综合性出版大社，同时作为全国优秀出版社、全国文明单位，围绕“立足信息产业，面向现代社会，传播科学知识，服务科教兴国，为走中国特色新型工业化道路服务”的出版宗旨，基于在信息技术、摄影、艺术、运动与休闲等领域的领先出版资源、经验与地位，策划出版了“老年人体育活动指导系列图书”（以下简称本系列图书）。本系列图书是以指导老年人安全、有效地开展不同形式体育活动为目标的老年体育教育用书，并且由不同体育领域的资深专家、学者和教育工作者担任作者和编委会成员，确保了内容的专业性与科学性。与此同时，本系列图书内容覆盖广泛，其中包括群众基础广泛、适合个人习练或进行团体表演的传统武术与健身气功领域，具有悠久传承历史、能够极大丰富老年生活的棋牌益智领域，包含门球、乒乓球等项目在内的运动专项领域，旨在针对性改善慢性疼痛、慢病预防与控制、意外跌倒等老年人突出健康问题的运动功能改善训练领域，以及涵盖运动安全、运动营养等方面的运动健康科普领域。

本系列图书在内容设置和呈现形式上充分考虑了老年人的阅读和学习习惯，一方面严格按照循序渐进的原则进行内容讲解，另一方面通过大图大字的方式分步展示技术动作，同时附赠了扫码即可免费观看的在线演示视频，以帮助老年人降低学习难度、提高训练效果，以及为相关课程的开展提供更丰富的教学素材。此外，为了更好地适应和满足老年人日益丰富的文化需求，本系列图书将不断进行内容和形式上的扩充、调整和修订，并努力为广大老年读者提供更丰富、更多元的学习资源和服务。

最后，希望本系列图书能够为促进老年体育教育发展及健康老龄化进程贡献微薄之力。

在线视频访问说明

本书提供了普及 48 式太极拳的在线视频，您可通过微信“扫一扫”，扫描下方的二维码进行观看。

步骤 1

点击微信聊天界面右上角的“+”，弹出功能菜单（图 1）。

步骤 2

点击弹出的功能菜单上的“扫一扫”，进入该功能界面，扫描上方的二维码，扫描后可直接观看视频（图 2）。

图 1

图 2

目录

第一章　太极拳的基础知识

第二章　普及 48 式太极拳

第一章

太极拳的基础知识

历史发展

太极拳，属国家级非物质文化遗产，是以中国传统儒、道哲学中的太极和阴阳辩证理念为核心思想，集颐养性情、强身健体、技击对抗等多种功能为一体的中国传统拳术。

太极拳的起源，目前主要有两种不同的说法。一种说法是，太极拳创自张三丰。原因是张三丰创建了武当派，始创了内家拳。太极拳是内家拳之首，因此尊张三丰为祖师，是一种自然归属。张三丰创立的太极拳、八卦拳、形意拳、五行拳、混元拳、玄武棍等，都是从道教经书中汲取精华引申而来的。张三丰所创的拳法和棍术都有一个共同特点，即注重内功和阴阳变化，讲求意、气、力的协调统一，动作沉稳，姿势含蓄，劲力浑厚，神意悠然。这些特征无不与道家的清静柔弱、淡泊无为的主张和道教的“三宝修炼”（炼精化气、炼气化神、炼神还虚）相吻合，内以养生，外以却恶，可以说是留给后世的珍贵历史文化遗产。

另一种说法是，太极拳创自陈王廷。此种说法出自顾留馨、唐豪先生对太极拳的考证和《太极拳研究》。他们考证陈王廷创太极拳的依据有两点：一是有陈氏后人曾提到其祖先所作的打油诗《闷来时造拳》；二是陈王廷留有一篇《拳经总歌》。但据考查，这篇《拳经总歌》并非陈氏所独有，山西洪洞通背拳的《拳经总论》除极个别字外，其他内容与之完全相同。

基本体式

身体的形态称为身形，太极拳的身形要求有“立身中正安舒，八面支撑”“虚领顶劲，含胸拔背”“立如秤准，活似车轮”“上悬中松下沉”等。

对胸背的要求

“含胸拔背”是对胸背的要求，“拔背”指脊柱放松拔长。能含胸则能拔背，做到体态中正。

对肩臂的要求

对肩臂的要求是“松肩沉肘”，肘要下垂，自然弯曲，不可僵直。“松肩”要做到“肘不贴肋，肘不离肋”。其中“肘不贴肋”指手臂要圆转松活，“肘不离肋”指时刻有用两肘护肋的意识。

基本手型

拳

太极拳的握拳形式为：四指并拢弯曲，指尖贴于掌心，然后拇指弯曲，贴于食指与中指中节指骨上。

• 如何出拳

在出拳前蓄力时虚握拳，等到出拳触人的一瞬间成拳，发力顶出。

掌

五指自然伸展，互不靠拢，也不要分得太开，以掌宽为度。拇指略向掌心靠近且自然竖直，掌心不可太凹，以自然舒展为宜。

如何出掌

太极拳的出掌，五指自然舒展，掌心微含，掌根灵活放松，以便后续变化手型。

勾手

勾手也叫吊手，做法是五指下垂并拢，拇指、食指、中指指尖轻合，掌心要空，腕部自然舒展。

勾手的作用

勾手有抓筋、拿脉、锁骨、截劲等作用，使被“勾”者有痛彻肺腑之感。但用力勾手，会使腕部与臂部僵直，失去灵活性。勾手可以锻炼腕部的灵活度，勾手练习中含有刁手、擒拿手与解脱擒拿的方法。在套路练习中，勾手动作的意义不可忽视。

基本步型

马步

蹲马步的方法

双脚开立下蹲，间距为 2~3 倍脚长，双脚外撇约 30 度。然后腰胯发力，使双膝下沉，呈半蹲姿势。双膝与脚尖的方向相同，膝盖不可超过脚尖。马步的特点是下盘稳固，平衡能力强。

蹲马步时双手可以叉腰，也可以放在头后，或双手屈臂举过头顶。

弓步

弓步的开步方法

一只脚向前方迈出一大步，同时膝部弯曲，大腿近于水平，小腿与地面垂直，后侧腿蹬直。双脚全脚掌着地，上身正对前方。左腿在前为左弓步，右腿在前为右弓步。

虚步

做虚步的方法

一条腿屈膝下蹲，身体重心在下蹲腿上，下蹲腿支撑身体约 90% 的重量。另一只脚跨半步，脚尖或前脚掌虚点地，保持平衡。

做虚步的要求

虚步要求双腿虚实分明，重点在于要把身体的大部分重量压在支撑腿上。

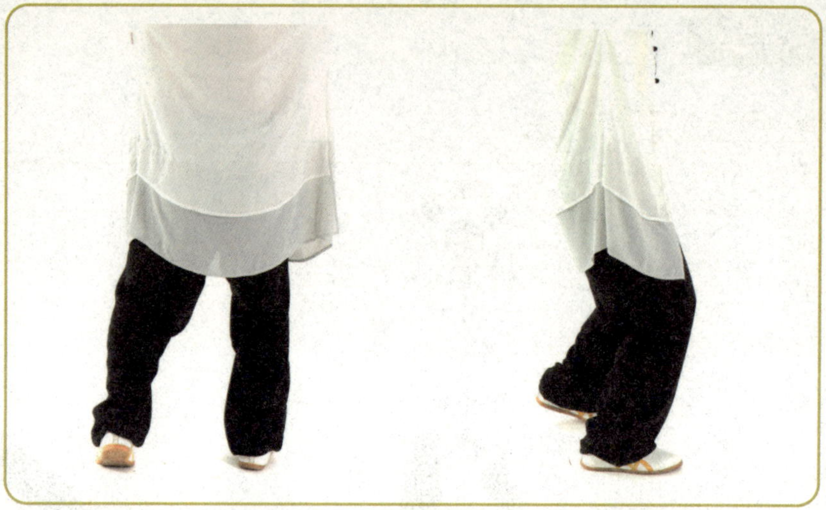

仆步

- 做仆步的方法

一条腿全蹲，大腿和小腿贴紧，该侧臀部接近小腿，膝盖与脚尖稍外展；另一条腿自然伸直，接近地面，脚尖内扣。双脚全脚掌着地。

● 做仆步的要求

一条腿伸直，膝盖向下运力，脚尖指向前方。动作期间该腿要保持绷直，切忌呈弯曲的姿态。

歇步

● 做歇步的方法

双腿交叉下蹲，前后腿相叠，后膝接近前脚踝外侧。前脚全脚掌着地；后脚前脚掌着地，脚跟离地，脚尖向前。

- 做歇步的步骤

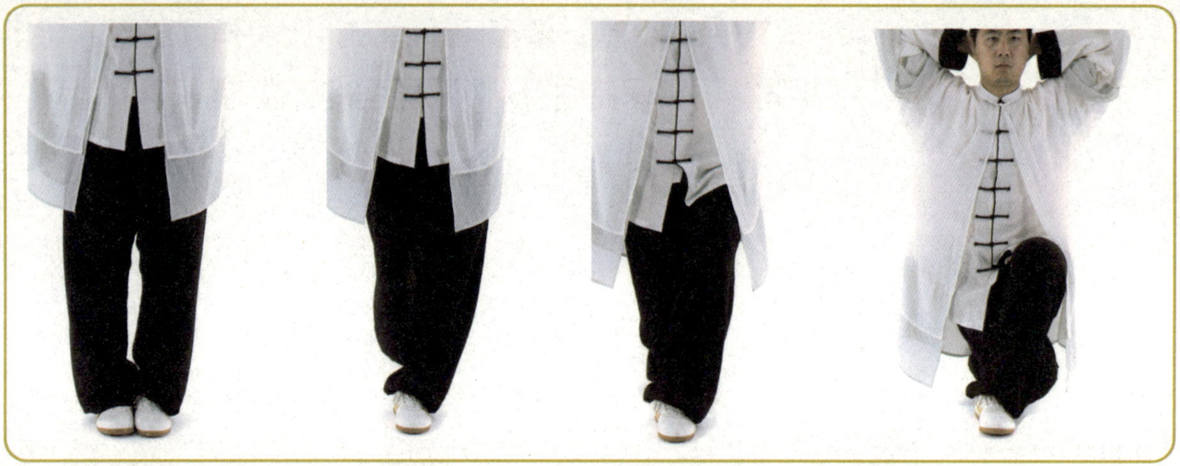

双脚并拢站立，然后抬一只脚移至另一只脚后；待双腿交叉后，稳定双脚，下压身体；双腿盘屈下压，上身保持直立；将全身的重量完全压至下盘，上身仍保持自然竖直。

四六步

- 做四六步的方法

双脚开立下蹲呈马步，然后重心向一条腿移动，该腿的膝盖进一步弯曲，另一条腿则略微伸直。双手可以叉腰，也可以放在头后，或双手屈臂举过头顶。

第二章

普及48式太极拳

起势

一 双脚并立，双臂自然下垂贴于大腿两侧。左脚抬起并向左迈步，脚尖着地。

二 左脚踩实，呈双脚开立姿势。双臂在身体两侧慢慢向上抬起至双掌与腰部齐高，掌心朝内。

三 双臂继续向上抬至与肩部齐高，此时掌心朝下。

四 双臂继续上抬至双掌略高于肩部后下落，身体随之下蹲，此时双手掌心朝前并落至胸部前方。

五 挺直腰背，双掌向下按压至髋部位置，掌心朝下，身体进一步下蹲。

第一式 白鹤亮翅

一 接上式。右脚跟抬起，身体重心位于左腿，左掌抬至胸前。接着右臂打开，右手向右平移，向上翻掌，再向腹部左侧平移。右脚后撤，注意双手相对，左手在上，右手在下，呈抱球状，此时身体前倾，重心位于左脚。

二 右脚踩实，右手划向头部右侧，稍稍高于头部，掌心朝内。左手掌心向下，先向上轻抚右臂内侧，后划至腰部左侧。左脚跟抬起，重心移至右脚。

第二式 左搂膝拗步

一 接上式。下身保持不变，右手沿弧线形路线下落至面部，掌心朝向面部。上身稍稍向右转，右手沿弧线形路线经胸前划至右胯前方，掌心朝上。左掌先向上、后向右划至与头齐高，掌心朝外，目视左掌。

二 上身向右转，左手随之向右转，右掌向外打开并上移。左脚向右脚收回，左脚尖着地，双膝微屈。

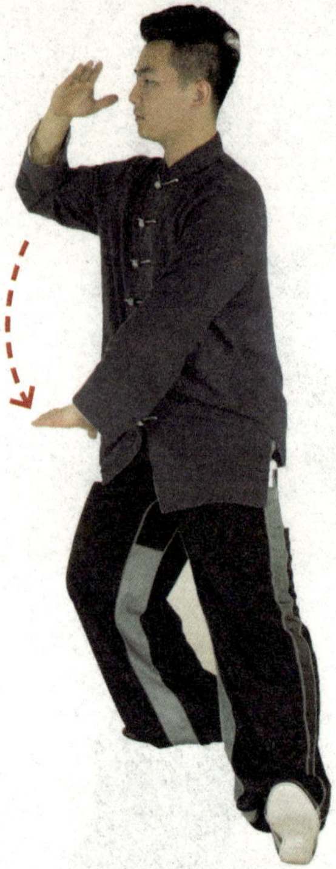

三 右膝进一步屈曲，左腿向前迈一步，脚跟着地，身体后坐，右腿支撑身体。同时左掌沿弧线形路线，向左腹前方划。右手上抬，掌心向下，与头齐高。

四 身体稍稍向左转，重心前倾，左脚掌踩实地面。同时在上臂带动下，右手向前推，左掌随身体转动划至左胯旁，目视右掌。

五 右腿蹬直，身体回正，呈左弓步。右臂向前伸直，右手腕发力，右掌向前推，左掌在体侧向下按。

第三式 左单鞭

一 接上式。上身向右转，随后右掌沿弧线形路线下划至最低点向上翻后上移，左掌沿弧线形路线上划至颈部前方，双掌相对。同时右脚抬起，准备向右迈。

二 右脚向右迈，脚跟着地，左膝微屈。双手移至胸部前方，目视左掌。

三 重心前移，右膝屈曲，双臂前推。身体稍稍右转，右臂随之向右摆，左手搭在右臂内侧。

四 右臂继续向右摆至身体正右侧，随后向胸前收。身体向左转，回正，右脚跟着地旋转至脚尖朝前。

五 右脚掌踩实，重心右移，左腿略微蹬直。右手翻掌朝外前推，左掌顺势前移，目视右掌。左腿收回，脚尖着地。

六 双腿不动，右掌变勾手，左掌不变。

七 左脚向左迈，脚跟着地。右手不动，左掌沿弧线形路线向左划，掌心朝内，目视左掌。

八 身体向左转，左脚踩实，重心左移，最终呈左弓步。左掌随之移至身体正前方并向前推。

第四式 左琵琶势

一 接上式。右脚向左脚收且脚尖着地，左手翻掌下移至腰部左侧，右勾手变掌并平移至身体正前方。

二 重心后移至右腿，左脚尖着地，双膝微屈。右掌收回至胸前，掌心向下。左掌在腰侧沿弧线形路线上划至身体前方，掌心向下，目视左掌。

三 右腿支撑身体，左脚向前迈步且脚跟着地，左手收回，约与肩齐高，然后双掌向前推。

第五式 捋挤势

一 接上式。左脚上抬，向左移一些距离。双掌相向，在肩部前方交叠。

二 左脚踩实，呈左弓步姿势。左掌收回至胸前，右掌沿弧线形路线向前划。

三 右脚向前迈一步，整体调整为右弓步姿势。同时双掌先向腹部左侧下划，再向肩部前方收（左掌扶于右腕），然后向前推。

四 上身向左转，双臂先沿弧线形路线向左划，接着左臂在右臂上方沿弧线形路线向左划，然后双臂慢慢向下移动，同时重心右移，呈右弓步。

五 左脚向前迈一步，脚跟着地，身体略向左转。双臂收回至胸前，左掌在前，右掌扶于左腕。

六 左脚踩实，整体调整为左弓步姿势，双掌向前推。

七 身体稍稍向右转，双膝屈曲，重心下降。右臂沿弧线形路线向右划，接着收回胸前。然后左臂沿弧线形路线向右划至胸前，右臂再在左臂上方沿弧线形路线向右划。

八 右脚向前一步，整体调整为右弓步姿势。同时双臂先收回，然后上移至肩前，右掌在前，左掌扶于右腕，最后双掌向前推。

第六式 左搬拦捶

一 接上式。身体微微后坐，右脚尖抬起，左掌向上划，右掌向下划，双臂呈抱球状。上身稍稍向右转，整体调整为右弓步姿势。左腿随身体旋转，脚尖着地，双臂向两侧打开，左掌心朝左，右掌心朝上。

二 重心右移，左腿朝左前方跨出，脚跟着地，左掌向上移至头部前方变拳，右掌向下移至腹部前方。然后右掌向下按压至髋部前方，左拳向下移至颈部前方后向前伸出。

三 身体向左转，左脚踩实，整体调整为左弓步姿势。左拳向上、向外翻至与肩齐高，右臂随身体向左移。

四 右腿向左腿收回，屈膝，脚尖向下悬空，左拳收回，右掌侧挥至与肩齐高。重心位于左脚，右脚向前跨出，脚跟着地。右掌变立掌。

五 重心向前移至右脚，右脚踩实，双膝稍稍屈曲，左拳向前打出。

六 重心继续向前移，整体调整为右弓步姿势。左拳继续向前，右掌移至左肘内侧。

第七式 左掤捋挤按

一 接上式。重心后坐，右脚尖抬起，上身顺势向右转。左拳变掌，掌心向前，右手翻掌向下移。

二 右脚踩实，左脚向前迈，脚跟着地。双掌沿弧线形路线，分别向上、向下划，呈抱球状。

三 左掌向左上方划至与肩齐高，同时右掌向右下方划至腹部前方，接着右掌向左上方划至左臂内侧，然后双掌向右下方捋至腹部前方，重心后坐，而后双掌向右上方划至与肩齐高。

四 上身向左转，右腿支撑身体，右掌沿弧线形路线向胸前划，收至左掌内侧。

五 重心先向前移、后向后坐，左脚随之先踩实、后脚尖抬起，同时双手先向前推、后收回。

六 整体调整为左弓步姿势，双手立掌向前推。

第八式 斜身靠

一 接上式。上身向右转，右臂随之向右移，左脚尖抬起并向右转。上身继续向右转，左脚踩实且脚尖朝向正前方，右臂向外打开，目视右掌。

二 右腿向左腿收回，右脚尖着地，右膝屈曲，整体上调整为右虚步姿势。左掌向颈部前方收，右掌先沿弧线形路线向下划，后向上移至左掌前方。

三 双掌变双拳，左膝屈曲，右脚向右后方伸出，脚跟着地。右脚踩实，右腿屈膝，身体重心下降并右移。

四 重心继续右移，整体上调整为右弓步姿势。右拳上拉至头部右侧，左拳下拉至左腿上方。

第九式 肘底捶

一 接上式。身体重心向左移，双拳变双掌，并上抬至略高于肩部，掌心向外。

二 左脚向右脚收，同时左掌下划至髋部前方，右臂向胸前屈肘，右掌向下翻，双臂呈抱球状。左脚向左侧跨出，脚跟着地，右掌向下划，左掌向上移，与肩齐高。

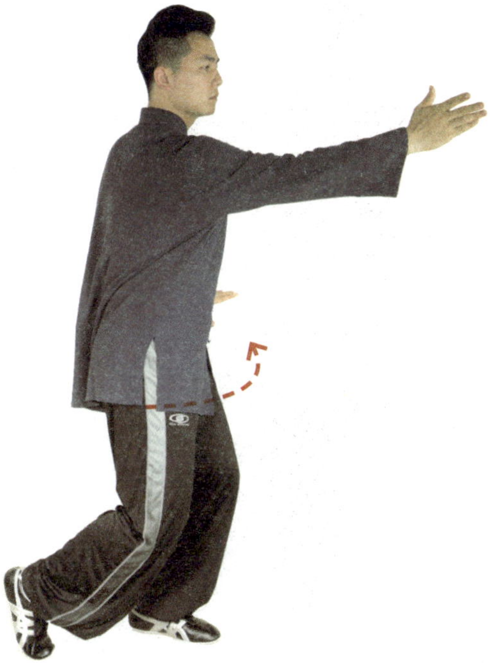

三 身体向左转，左手随之移动并在身体左侧下压，右掌沿弧线形路线向上、向前划。

四 重心后移，左脚抬起，右掌变拳并收回，左掌向前、向上移并与右拳在胸部前方相交。

五 左脚向前跨出，脚跟着地，右拳继续收回，左掌继续向前移。

第十式 倒卷肱

一 接上式。右拳变掌，先向下划，后向上划至与肩齐高，左掌向上翻。随后左腿向右后方撤，右掌继续向上划，然后向右耳后方移。重心后移，左掌向后、向下收回，右掌随之在左掌上方向前推。

二 上身向左转，双臂随之向身体两侧打开，掌心朝外。

三 右脚向后退一步，右掌向后、向下收回，左掌向前推，双掌在胸前交叠。

四 重心移至右腿，左掌继续向前推，右掌收回至右侧髋部前方。

五 右掌向上划至与肩齐高。然后左腿向后退一步，右掌继续向上划，再向右耳后方挥，最后向前推，同时左掌向下收于左侧腰部位置。

六 左掌向上划至与肩齐高，右掌翻掌向上。然后右腿向后退一步，左掌继续向上划，再向左耳后方挥。

七 身体后坐，右掌向后、向下收回，左掌向前推，双掌在胸前交叠。

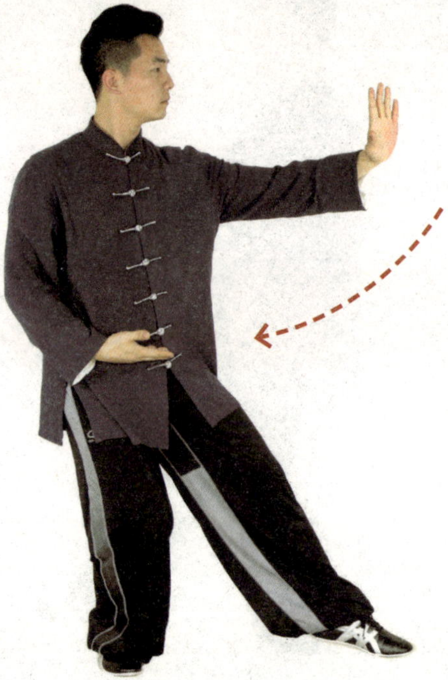

八 左掌继续向前推，右掌收回至右侧髋部位置。

第十一式 转身推掌

一 接上式。左脚向后撤，右掌沿弧线形路线向上、向前划，左掌向后收回。

二 身体向左转，左脚向前迈。左掌下压至髋部，右掌收回并向下翻掌，与头部齐高。

三 重心前移，左掌向左划，右掌向前推，同时右脚向左脚收回。

四 身体稍稍向右转，同时左手翻掌向上划，右掌收回。

五 向右转体，右膝屈曲，左脚尖点地。与此同时，左掌前推、右掌下压。

六 左脚向右脚收回，呈虚步。右掌上翻并上划，左手沿弧线形路线下划。

七 身体向左转，左脚向前跨，重心前移，右掌向前推，左掌下压至左侧髋部前方。

八 身体向右转，右脚向右迈，脚跟着地。右掌向下按压至腹部，左掌向上移至左耳侧。

九 右脚踩实，重心移至右腿，上身向右转，左脚先收回再向后撤，呈右弓步。同时左掌向前推，右掌向下按。

第十二式 右琵琶势

一 接上式。重心后移，右脚尖着地。右臂前平举，左掌保持约与肩齐高并向后收回。

二 重心后坐，右脚跟着地。双臂向后收回，掌心斜向下。

三 双掌向前推并立掌，掌心朝前。

第十三式 搂膝栽捶

一 接上式。右脚向左脚收回，脚尖着地。右掌下划至腹部前方，左掌上划至颈前方，掌心相对。

二 重心位于左腿，右脚向右跨出且脚跟着地，双掌移至胸前，左手扶于右前臂内侧。上身向右转，整体调整为右弓步姿势，同时双掌向外推。

三 左脚向右脚收回，脚尖着地。上身继续向右转，双臂随之向右转。

四 身体向左转，右臂屈曲收回，左掌向下按压至左侧髋部位置。抬起右脚，左掌向上抬并翻掌，右掌向下按压。

五 右脚向右迈一步，脚跟着地。左掌上移至左耳旁并变拳，右掌继续向下按压。

六 上身向右转，重心前移，整体上大致呈右弓步姿势。右掌随之向下、向外摆，左拳斜向下击出。

第十四式 白蛇吐信

一 接上式。身体向左转，双臂向左上方划，左拳变掌。重心右移，左脚尖着地，左掌向前划至左臂约与肩齐高，右掌向前划至右耳旁。

二 身体向左转，双膝屈曲下蹲，两掌在胸前交叠。

三 身体继续向左转，进一步屈膝下蹲，左掌向腰部位置收回，右掌向前推。

四 站起，右脚抬起，脚尖朝下。左臂抬至与肩齐高，右掌翻转，掌心朝外。

五 右脚向前迈，脚跟着地，左掌收回至左耳旁，右掌下移。

六 身体向右转，双膝屈曲下蹲，左掌向前推，右掌向后收回。进一步屈膝下蹲，左掌继续向前推，右掌收回至右侧腰部位置。

第十五式 拍脚伏虎

一 接上式。起身，左脚向前跨一步，右手翻掌向头部上方划，左掌则向下按压。左脚踩实，右腿迅速上抬，左掌向上划至与肩齐高，右掌直拍右脚脚面。

二 完成拍脚后，右脚下落至左脚右侧，然后左脚迅速向左跨一步，变为右弓步姿势，双掌向下摆。

三 身体左转，右腿蹬直，重心左移。双掌变双拳，左拳上摆至头部前上方，右臂于胸前屈肘。

四 上身右转，右腿向右迈一步，左拳变掌，先向下划后向上抬至头部高度，右拳变掌，先向上划后向下划至身体后侧。接着右腿撑地发力，左腿向前、向上踢，左掌拍击左脚面，同时右掌上划至头部高度。

五 完成拍脚后，左脚下落至右脚左侧，然后右脚迅速向右跨一步，变为左弓步姿势，双掌向下摆。

六 重心移至右腿，整体呈右弓步姿势。双掌向下摆后上摆并变双拳，右拳高于头顶，左拳位于胸部位置。

第十六式 左撇身捶

一 接上式。重心先左移后右移，双拳变双掌，右掌朝内并向下划，左掌朝外并向上、向外划。然后右腿支撑身体，左脚上抬，右掌先向下划后向上抬至头顶上方，左掌向下划并变拳。

二 左腿向左迈一步，脚跟着地，左拳向上移，架于肩前，右掌搭于左臂内侧。

三 身体左转，右腿蹬直，重心左移，左拳上摆至头部前方，右臂于胸前屈肘。

第十七式 穿拳下势

一

接上式。身体左转，左拳变掌并沿弧线形路线向左上方划，右掌经胸前下划，掌心朝上。接着左腿蹬地伸直，右腿跟随前移上提，脚尖朝下。双掌变拳，左拳下摆至腹部前方，拳心朝内，右臂屈肘，右拳上摆至头部前方，拳心朝内。

二

右脚向右迈一步，脚跟着地，左膝屈曲，整体上呈左弓步姿势。左拳向上移至头部位置，右拳向下收于腰部位置。进一步屈膝下蹲，右脚踩实，右脚尖向右侧转，左拳上举至高于头部，右拳向腿部右移。

第十八式 独立撑掌

一 接上式。重心右移，整体上由左弓步姿势变为右弓步姿势。左拳向下移至与肩齐高，右拳向上、向右移至与肩齐高。

二 保持右弓步不变，双手松拳变掌，左掌划向腰部，右掌下翻。

三 右腿支撑身体，左脚上抬，左膝屈曲上提。左臂屈肘上摆，掌心向内，右掌向下按压。

四 待左膝完全上提时，翻左掌并上推。左腿落下后，向前跨出并伸直，右腿屈膝。右臂屈肘，右掌上翻，左掌下翻并向前、向下划至胸部前方。

五 身体重心前移，左腿屈膝撑地，右腿跟随前移，脚尖点地。右掌上划至面部前方，左掌下压。上提右膝，翻右掌并上推。

第十九式 右单鞭

一 接上式。右脚向后撤，左掌先向上移后向前推，右掌向下划并向内翻掌。

二 重心后移至右腿上，双掌向下摆至髋部前方。

三 重心左移，左掌心朝内，右掌心朝外，两掌移至胸前并向外推。

四 重心进一步左移，整体上呈左弓步姿势，右手搭于左腕，双掌向前移。

五 身体后坐，右腿支撑身体，左脚跟着地，双臂朝左侧挥摆。

六 身体向右转，左脚踩实且脚尖朝前，左臂收至胸前变立掌，然后向前推，右手始终搭在左腕。

七 重心转移至左腿上，右手搭在左腕，左掌继续向前推。

八 右脚向左脚收回并以脚尖着地，右手依然搭于左腕，左掌变为勾手。

九 右脚向右迈一步，重心右移，整体上调整为右弓步姿势。同时上身向右转，右掌随之向右移至头部正前方并变立掌，掌心朝前。

第二十式 右云手

一 接上式。身体重心移至左腿上，右掌向下摆，掌心向上，左勾手变立掌。下身不动，右掌向上划至左臂内侧。

二 重心右移，整体上调整为右弓步姿势，左掌向下按，右掌向上举至头部前方，掌心向内。

三 左脚向右脚收回，双膝稍稍屈曲，右掌向右划至与肩齐高且翻掌向前，左掌向上、向右划至右臂内侧且翻掌向上。

四 左腿支撑身体，右脚上抬，左掌向左划至与头部齐高并向外翻，右掌向下划至左侧腹部前方。

五 右脚向右迈一步，整体上调整为左弓步姿势，左掌向前推，右掌向左腕内侧移动。

六 重心右移，右掌先向上划至头部高度，后向下划至与肩部齐高，左掌先向下划至腹部前方，后向上划至右臂内侧。同时左脚向右脚收回。

第二十一式 右左分鬃

一 接上式。右脚跟上抬，右膝屈曲，上身向左转，左掌向上移至颈部前方，右掌向下移至髋部前方，掌心相对，呈抱球状。上身右转，身体后坐，左腿支撑身体，右脚向右迈一步，脚跟着地，双臂保持不动。

二 重心右移，整体上调整为右弓步姿势，左掌向下移，右掌向上移。

三 上身向右转，右掌向上、向前移，左掌向下按压。

四 重心后坐，右脚尖上抬，上身动作不变。重心前移，右脚踩实，左脚跟上抬，上身向右转，右掌向下翻，左掌由外向前移至腹部前方。

五 左脚收至右脚左侧，然后向左迈一步，脚跟着地，双掌在身前呈抱球状。

六 待左脚踩实地面，左掌向上、向前划至与颈部齐高，右掌向下按压。

第二十二式 高探马

一 接上式。右脚收至左脚右侧，双膝屈曲，重心下沉，上身稍稍向右转，同时右臂向上抬至与肩齐高。

二 抬起左脚，脚尖朝下，右腿支撑身体，右肘屈曲，右掌移至头部右侧。左脚向前迈一步，呈左虚步，右掌向前推，左掌向后收回。

三 右掌继续向前推至右臂伸直，左掌继续向后收回至腹部前方。

第二十三式 右蹬脚

一 接上式。抬起左脚，向左迈一步，脚尖着地，右掌先向外挥后向胸前收，左掌向前挥摆。重心前移，左脚踩实，右掌向前推，左掌向下划至腹部前方。

二 右膝上提，左腿支撑身体。左掌向上挥至头顶，右掌向下挥至腹部前方，然后左掌向下移，右掌向上移，双掌在肩前交叠。右脚上踢，注意此时右腿伸直，双掌先向上挥后向外推。

第二十四式 双峰贯耳

一 接上式。收回踢出的右脚并保持右膝上提的状态，双掌向颈部前方收，掌心向上。右脚落下并向前迈，脚跟着地，双掌变双拳，向腰部两侧收回。

二 重心移至右腿上，右膝屈曲呈右弓步，双拳先向外挥，后向前击至双臂伸直。

第二十五式 左蹬脚

一 接上式。重心略微后坐，右脚跟着地，双拳变双掌，掌心朝外。

二 重心前移，整体上呈右弓步姿势，双臂沿弧线形路线向下划。

三 左膝上提，右腿支撑身体，双掌在肩部前方交叠。左脚向上踢，双手分别向两侧打开。

第二十六式 掩手撩掌

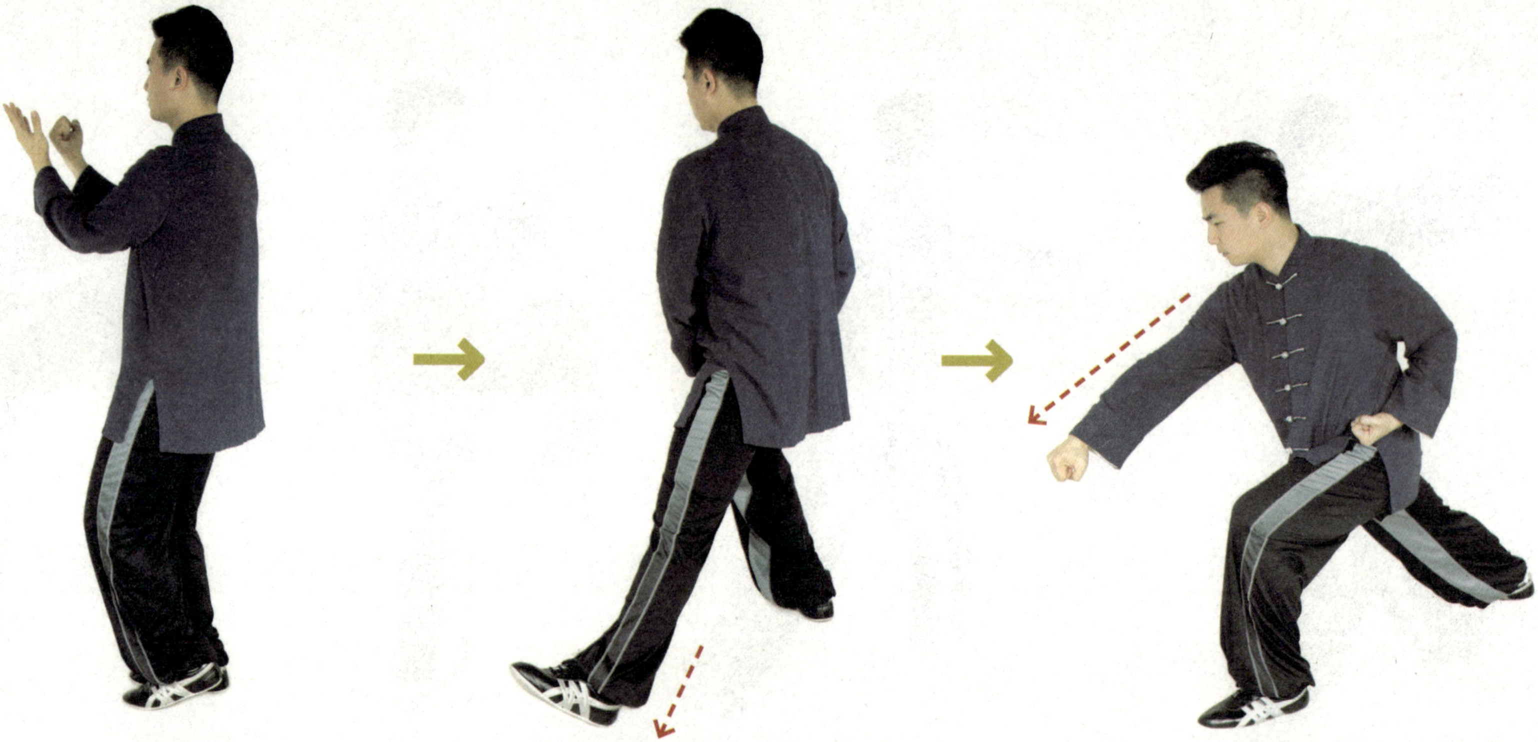

一 接上式。左脚收回，脚尖着地。右手为拳，左手为掌，向内收至肩前。

二 左脚向左跨一步，脚跟着地，右膝屈曲，双手收于腹部前方。

三 左脚踩实，重心左移，左掌变拳收回至腹部左侧，右拳斜向下打出。

第二十七式 海底针

一 接上式。右脚向左脚收回，双拳变双掌，右掌收于腰侧，左掌向前挥摆。

二 重心后坐，左脚尖着地，右掌提至头部右侧。

三 重心下压，左脚向前迈一小步，脚尖着地。右掌向下、向前伸出，左掌收至臂侧。

第二十八式 闪通臂

一 接上式。左脚向前迈一步，身体右转，重心上提。双掌上提至头部前方，左掌位于右掌内侧。

二 左腿屈膝，保持身形稳定，双手掌心朝外，向两侧分开。

三 右腿蹬直，整体上调整为左弓步姿势，左掌向前推，右掌向上、向右挥。

第二十九式 左右分脚

一 接上式。重心右移，上身向右转，整体上呈右弓步姿势。

二 重心左移，上身右转，右脚微微抬起，右掌挥至身体右侧。

三 右膝上提，右脚尖朝下，双掌在胸前交叠。

四 左脚支撑身体，保持身体平稳，右腿向上踢，脚尖朝上，双臂向身体两侧打开。

五 右脚下落并向右跨一步，左掌先向下后向上划，右掌向下划，双掌在胸前交叠。

六 重心右移，整体上调整为右弓步姿势，左掌继续左划，右掌向腹部前方收。

七 左脚向右脚收回，左掌向下摆，右掌从腹部前方向上抬至高于头顶。

八 左膝上提，左脚尖朝下，双掌在胸前交叠。然后左脚向上踢，脚尖朝上，双臂向身体两侧打开。最后左腿收回，脚尖朝下。

第三十式 搂膝拗步

一 接上式。左腿放下，双腿并立屈膝，右掌在身体右侧向上翻，左臂向右屈肘，目视右侧。

二 右腿支撑身体，左腿上提，脚尖朝下，左掌下划至腹部前方，右掌上划至头部右侧，目视正前方。

三 左腿向前放下，脚跟先着地，右腿屈膝，左掌向前划，目视正前方。

四 整体上调整为左弓步姿势，左掌收于腰侧，右掌向前推。

五 向左转体，左腿撑地，右腿上提，脚尖朝下。左臂上抬，左掌向上翻，右掌沿弧线形路线经胸前向右下方划。

六 身体向右转，右脚向前迈一步，呈右弓步姿势。左掌前推，掌心朝外，右掌下按，掌心朝下。

第三十一式 上步擒打

一 接上式。重心后移，左膝屈曲，右脚尖上抬，左掌向上翻并向后收回，右掌向上抬。重心前移，右脚踩实，左脚向右脚收回，左膝微屈，左掌收至胸前后向下移，移至腹部前方后向上、向外挥，右掌向上抬至肩前。

二 左脚向前迈一步，左掌向上、向前伸出并变拳，右掌收于腰侧并变拳。

三 重心前移，整体上调整为左弓步姿势。左拳向内收，右拳向左拳上方打出。

第三十二式 如封似闭

一 接上式。右脚向左脚收回，重心下沉，双拳变双掌，掌心朝上。

二 右脚收至左脚右侧，保持重心在右腿上，左腿向上抬起。双掌虎口相对并向胸部收回。

三 左脚向前一步，脚跟着地，同时双掌向下按压。重心前移，左脚踩实，整体上呈左弓步姿势，双掌顺势向前上方推。

第三十三式 左云手

一 接上式。重心移至右腿上，上身向右转，右掌随之向右划，左掌向下划至髋部前方。

二 上身向右转，右掌向前推。然后重心左移，上身转回，同时左掌向上划，右掌向下划。

三 右脚向左脚收回，上身稍稍向左转，同时双掌划至身体左侧。

四 左脚向左迈一步，右膝微屈，左脚尖点地。同时右掌上划、前翻，掌心朝外，左掌下划至身侧，目视右掌。

五 上身稍稍右转，身体重心左移，此时双掌划至身体右侧。

六 重心进一步左移，左掌上划至头部前方，右掌下划至身侧，目视左掌。

七 右脚向左脚收回，双膝微屈，重心下沉。同时双掌划至身体左侧，目视左掌。

八 左脚朝左横跨，重心右移，双掌划至身体右侧。

九 重心移至左腿上，右脚向左脚收回。同时双掌划至身体左侧。

第三十四式 右撇身捶

一 接上式。右脚踩实，重心后移，抬起左脚，左掌向上翻，右掌向下翻。左脚向后撤一步，上身向左转，双掌向下划。右脚向左腿收，脚尖点地。左掌下划至腹部前方后向上划，右掌下划至腹部前方变拳。

二 右脚向右前方跨一步，右拳架于头部前方，左手向后收于胸前并搭在右臂内侧。上身向右转，重心前移。最后重心移至右腿上，整体上调整为右弓步姿势，右拳由内向外撇打。

第三十五式 左右穿梭

一 接上式。重心后移，右拳变掌，双掌向左挥，上身稍稍向左转。接着重心前移至右腿上，同时左掌向前伸，右掌向后收回。

二 左脚向右脚收回，双掌下划至髋部前方。接着左脚向左迈一步，双掌上移至胸前且掌心相对（右掌在里，左掌在外）。然后身体向左转，右手搭于左臂内侧，随之转动，整体上调整为左弓步姿势，最后右脚向左脚收回且脚尖点地、脚跟抬起。

三 上身向右转，同时左臂屈曲，左掌移至头部前方，右掌收于腰侧。

四 左脚向左前方跨一步，重心下降，双臂左上右下，向外架掌。上身向左转，右掌向前推。接着重心移至右腿上，上身向右转，双掌向右挥，左掌心朝上，右掌心朝下，均与肩齐高。然后右脚向左脚收，双掌先向内收后向下移。最后上身稍稍向左转，右脚向右迈一步，重心位于左腿上，左膝屈曲，双掌向上移。

五 重心移至右腿上，整体上呈右弓步姿势。右掌向右挥，左掌搭于右臂内侧。接着左脚向右脚收回，上身向右转，双掌继续向右挥。然后重心移至左腿上，右脚向右迈一步，上身向左转，右掌上移至头部上方，左掌收于腰侧。最后重心移至右腿上，上身向右转，整体上调整为右弓步姿势，左掌向前推。

第三十六式 退步穿掌

一 接上式。重心后坐，左腿支撑身体，左掌向左挥，右掌沿弧线形路线向下划。

二 右脚向左脚收，上身向左转，左掌收于腰侧，右掌向左挥。然后右脚向后撤一步，整体上调整为左弓步姿势，左掌向上、向前伸，右掌向胸前收回。

第三十七式 虚步压掌

一 接上式。重心后移，左脚跟着地，上身向右转。然后左脚踩实并旋转至脚尖朝前，右脚脚尖向右前方旋转，左肘向内侧屈。

二 右脚上提，脚尖着地，上身右转，左掌下压至头部前方。

三 向前俯身，双膝屈曲，保持虚步。双手掌心朝下，靠肩部力量向下压掌。

第三十八式 独立托掌

一 接上式。双掌沿弧线形路线，从右向左上方划，右腿上抬。

二 右膝上提，左腿伸直，同时右掌上翻前托左掌向左、向后挥。

第三十九式 马步靠

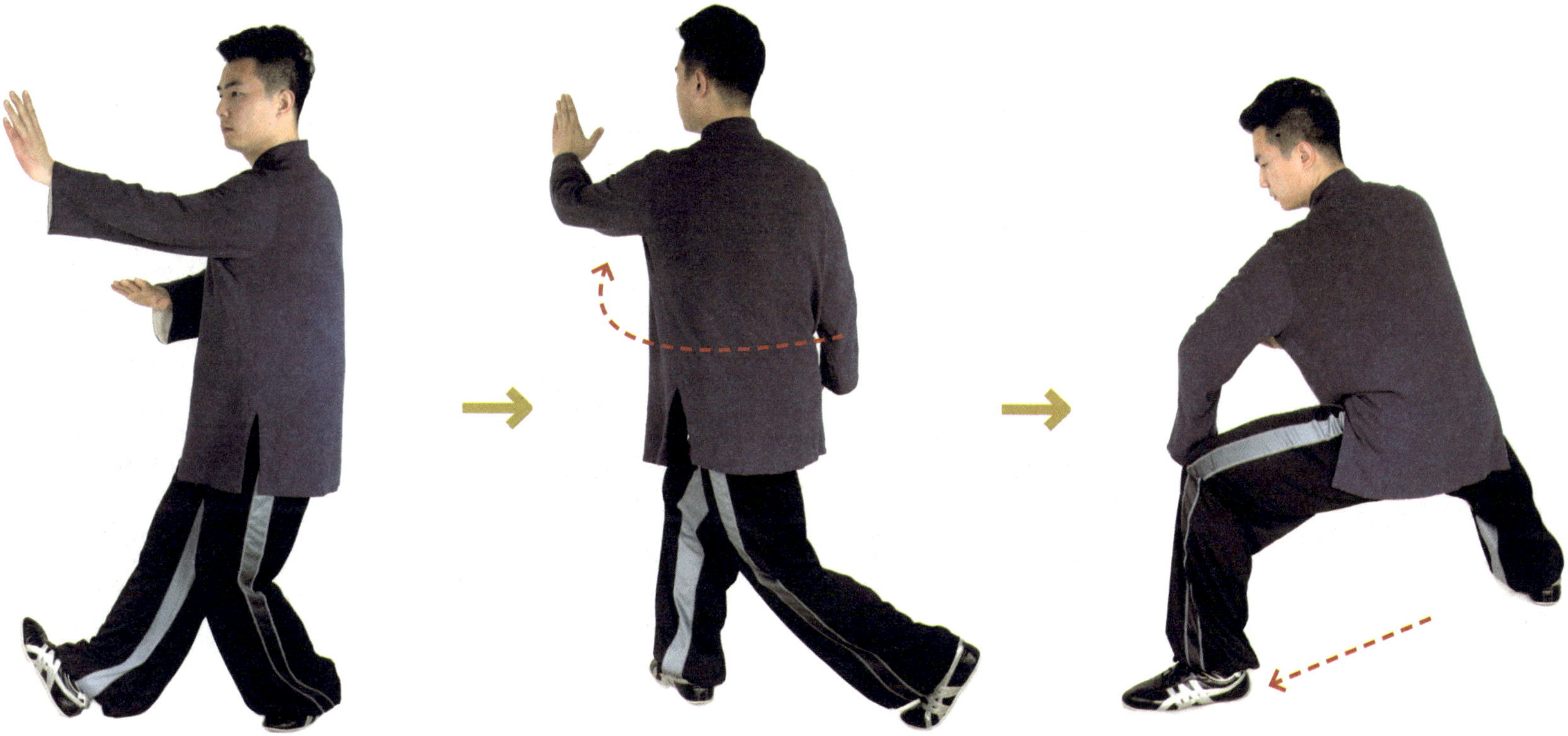

一 接上式。右脚下落并向前跨，脚跟着地，右手翻掌向下按压，左掌向右挥摆。

二 右脚踩实并向右旋转，左脚尖着地，上身向右转，左臂屈肘，右掌向下划至髋部右侧。

三 左脚向右脚收，左掌向下划并变左拳，右掌向上划。接着左脚向左跨一步，右膝屈曲，右掌向胸前收回。最后重心左移。

第四十式 转身大捋

一 接上式。保持身形稳定，右掌竖起，掌心向左，上身随之左转。左拳变掌，双掌上抬至约与肩齐高后向右捋。

二 左脚脚尖朝前，两掌经胸前向左捋。

三 左脚撑地，重心上提，右脚收向左脚，双膝微曲。左掌掌心朝外，右掌掌心朝上，继续向左捋。

四 身体左转，右脚上步，双掌跟随左捋。双腿由屈膝变为直立，挺胸，双掌捋向身体前方。

五 左腿后退一步，呈右弓步姿势，同时右掌外翻，左掌下移。

六 身体重心下降，保持身形稳定，双臂屈肘，双掌变拳。

第四十一式 撩掌下势

一 接上式。重心左移，上身稍稍向左转，左拳收于腰侧，右拳向左摆。接着重心右移，左拳收至腰后，右拳架在头前。然后重心继续右移，右拳向右挥，左拳向左划。

二 重心左移，整体上调整为左弓步姿势，左拳向上划，右拳向下划。接着右脚向左脚收回，双膝稍稍屈曲，右拳变掌并向上划，左拳变掌并搭于右臂。

三 重心位于右腿上，左脚上抬，上身向右转，双掌随之上摆。

四 下身保持不动，右掌向前推，然后右掌变勾手。

五 左腿向左跨一大步，右腿屈膝下蹲，左掌下落至髋部前方。

六 重心左移，身体向左转，整体上调整为左弓步姿势。左掌向左上方划，右勾手向下落并翻腕。

第四十二式 上步七星

一 接上式。双腿向上伸展站起，右脚向左脚收回，脚尖朝下。左掌保持不变，右手向身体前方收回。

二 右脚向前迈一步，脚尖着地，双手变拳，在胸前交叠。

第四十三式 独立跨虎

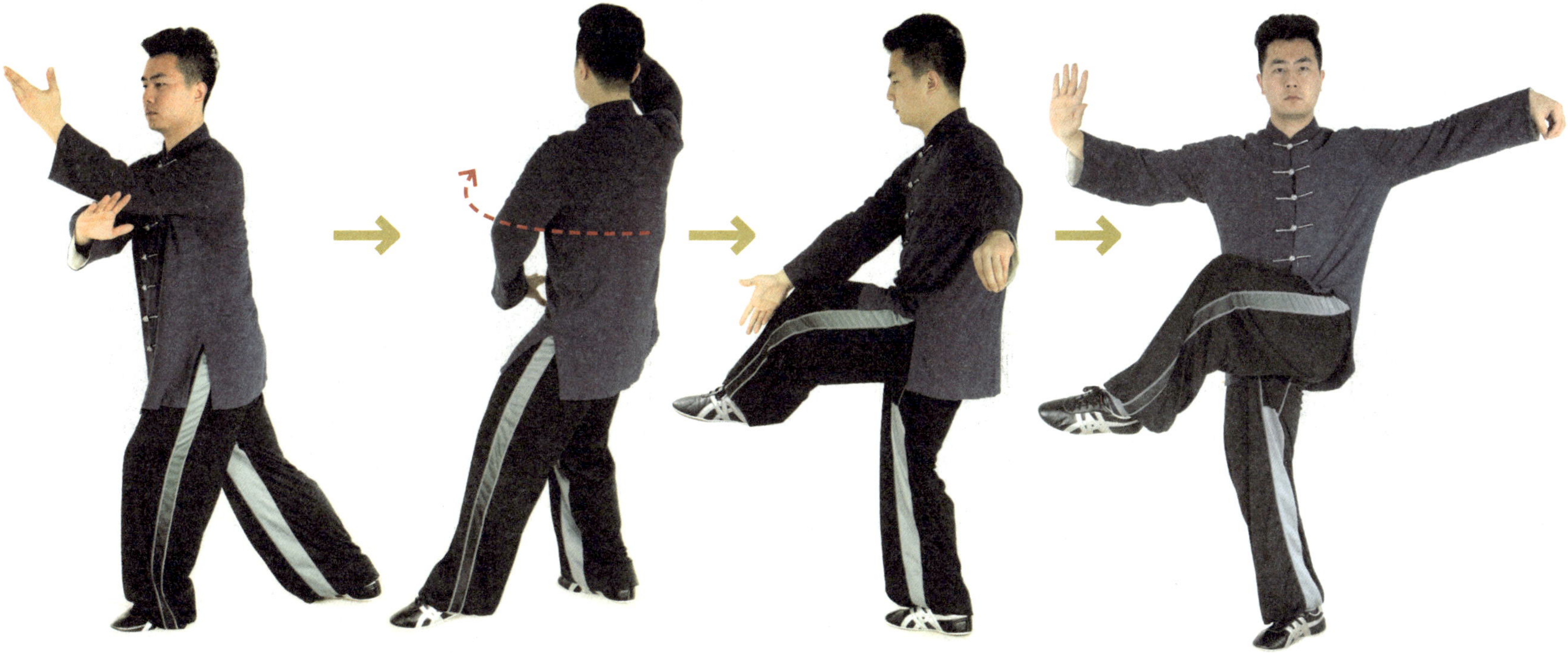

一 接上式。右脚向后撤一步，双拳变双掌，右掌向下挥。重心移至右腿上，上身向右转，左掌下压，右掌上举。

二 稍稍抬起左脚，上身向左转。接着左脚落下，脚尖着地，屈膝下蹲，右掌收至左掌上方，掌背相对。最后左膝上提，左脚向内踢，双臂向两侧打开，左掌变勾手，右掌立掌。

第四十四式 转身摆莲

一 接上式。身体右转，左脚落于右脚前方，左勾手变掌，右掌收回至腰侧。

二 左脚撑地，身体向右后方转，右掌上抬并跟随右捋，左掌同样跟随右捋至右臂内侧。右脚向右迈一小步，脚尖点地，双掌继续右捋至掌心向右。

三 右脚向前踢，双臂上抬并向胸前摆，掌心朝前。右腿屈膝收回，脚尖向下，双掌左摆。

第四十五式 弯弓射虎

一 接上式。右脚落在身体右后方，脚跟着地，左腿屈膝。

二 待右脚踩实，重心右移，上身向右转，双臂随之摆向身前，掌心朝下。上身继续向右转，双臂随之向右摆。

三 上身稍稍向左转，整体上呈右弓步姿势。双臂先上摆至肩部高度，双掌变拳，然后继续上摆至身体右前方。

第四十六式　右搬拦捶

一　接上式。身体重心上升，双拳变掌，右手搭于左臂内侧。

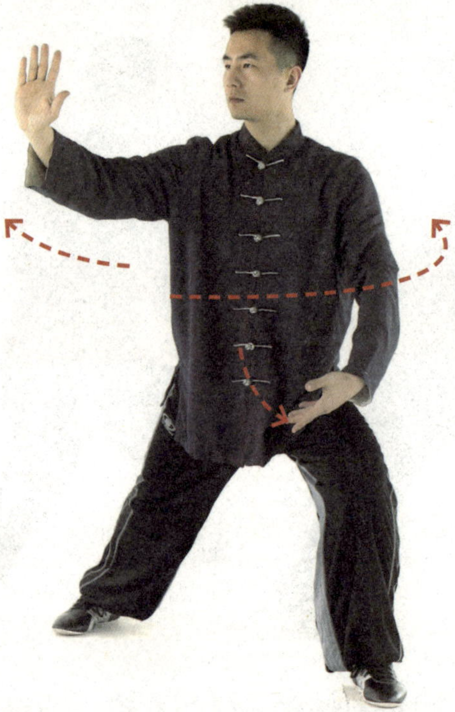

二　身体左转，重心放在左腿，变为左弓步，左掌向下划，右掌向上划。

三　右脚收向左脚，并向上提起，右掌变拳下摆至髋部前方，左掌上划至头部上方。

四 右腿向上提起，脚尖朝下。右臂屈肘，将右拳收向身前，左掌下压，掌心向下，目视右侧。

五 右脚向前落下，脚跟着地，右臂向前伸展，左掌向后划。

六 右脚踩实，身体重心前移，左脚跟抬起，双膝微屈，左掌向上划至与肩齐高。

七 左脚向前迈一步，脚跟着地，左臂屈肘后收，右拳收至腰间。

八 左脚踩实，左腿屈膝，右拳从腰间向胸前位置打出。

九 右腿伸直，呈左弓步，右拳贴近左掌向前打出。

第四十七式 右掤捋挤按

一 接上式。左脚尖抬起，右腿屈膝，右拳变掌，左掌向下划。上身向左转，右脚向左脚收回，右掌向下划，左掌向上划，双掌在身前呈抱球状。

二 右脚向右迈一步，上身向右转，整体上呈右弓步姿势。右掌向上划，左掌向下按压。

三 双臂先向右摆，后自前向后捋。注意双臂右上左下，掌心相对，同时重心随身体动作而后坐。

四 上身向左转，双臂随之捋至身体的左侧。接着上身向右转，双掌在胸前交叠并向前推，顺势将重心前移，整体上呈右弓步姿势。

五 重心后坐，左膝屈曲，双掌向下翻，先收至胸前后下压至腹部前方。注意双掌运动的轨迹为弧形。

六 双掌向上、向前推，同时重心前移，最后变为右弓步姿势。

第四十八式 十字手

一 接上式。右腿蹬直，右脚跟着地。上身向左转，重心左移，左臂随之向左摆。

二 重心移至左腿上，整体呈左弓步姿势。左臂继续向左摆至约侧平举，双手掌心皆朝外，目视左掌。

三 重心右移，同时双掌向身前收回并于腹部前方交叠，掌心朝上。接着伸膝站起，左脚向右脚收回，双掌上抬至胸前。然后左脚踩实，重心移至双腿中间。

收势

一 接上式。保持下身不变，双掌分开并向下翻，掌心朝下。

二 在手臂的带动下，双掌向下落，此时掌心朝外。

三 双掌下落至双臂于体侧伸直，随即伸膝站直。